Paroles et Lumières

Where Light Speaks

Paroles et Lumières

Haïti

Where Light Speaks

Carl Hiebert • Anthony Phelps • Sandy Noble Yates • Syto Cavé

International Child Care

Données de catalogage avant publication (Canada)

Vedette principale au titre:

Paroles et lumières - Where Light Speaks: Haïti

Textes en français, en anglais et en creole.

ISBN 0-9685579-0-2

1. Haïti — Ouvrages illustrés. I. Hiebert, Carl E., 1947–   .
II. International Child Care. III. Titre: Where light speaks: Haïti.

F1917.P37 1999   779'997294   C99-931611-7F

Cataloguing in Publication Data

Main entry under title:

Paroles et lumières - Where Light Speaks: Haïti

Text in French, English and Creole.

ISBN 0-9685579-0-2

1. Haïti — Pictorial works. I. Hiebert, Carl E., 1947–   .
II. International Child Care. III. Title: Where light speaks: Haïti.

F1917.P37 1999   779'997294   C99-931611-7E

Published in 1999 by
International Child Care

International Child Care est une institution chrétienne oeuvrant dans le domaine de la santé en général et donnant la priorité à celle des enfants
et à leur bien-être. Légalement reconnue à but non lucratif en Haïti, aux Etats-Unis et au Canada, ICC travaille depuis plus de 30 ans en Haïti
et depuis plus de 10 ans en République Dominicaine. À travers Grace Children's Hospital, le programme national de contrôle de la tuberculose
en Haïti et plusieurs projets sanitaires ruraux, ICC s'est construite une solide réputation comme un leader dans le secteur de la santé en Haïti.

Tous les profits de la vente de ce livre seront destinés au programme de santé des enfants d'Haïti .

International Child Care is a Christian health development agency dedicated to promoting health and wholeness to those in need,
especially children. A legally recognized non-profit organization in Haiti, Canada and the USA, ICC has worked for more than 30 years
in Haiti and more than a decade in the Dominican Republic. Through Grace Children's Hospital, the Crusade Against Tuberculosis,
and several rural health projects, ICC has earned a solid reputation as a leader in Haiti's health sector.

All proceeds from the sale of this book will go to support health programs for children in Haiti.

ICC Haiti	ICC Canada	ICC USA
#38, Delmas 31	2476 Argentia Road, Suite 113	3620 N. High St., Suite 110
Port-au-Prince	Mississauga, Ontario	P. O. Box 14485
Haiti	Canada L5N 6M1	Columbus, Ohio
246-4481, 246-1060	1-888-72child	43214
		1-800-72child

www.intlchildcare.org

Design by Gillian Stead
Printed in Canada

Ce livre est dédié aux enfants d'Haïti...
This book is dedicated to Haiti's children...

qui méritent une enfance faite de rire et d'espoir,

où moins d'entre eux souffrent inutilement, et meurent de maladies pour lesquelles

nous avons depuis longtemps découvert des traitements

deserving of childhood filled with laughter and hope,

where fewer must suffer needlessly, and die from illnesses for which

we long ago discovered cures

Table des matières
Table of Contents

Remerciements / Acknowledgments

Paroles et Lumières est le résultat d'une collaboration qui souligne ce qui peut se produire lorsque des gens s'unissent, et s'impliquent dans la réalisation d'un même rêve.

International Child Care tient à remercier tous ceux qui, en Haïti et ailleurs, ont fait confiance au projet, en y apportant leur contribution.

Notre profonde gratitude s'adresse en premier lieu aux artistes qui ont rendu possible la parution de cet album:

Carl Hiebert, pour son enthousiasme sans borne, et pour son incontestable sensibilité, qui lui a permis de voir Haïti, autrement qu'à travers son appareil.

Sandy Noble Yates, pour son engagement à transformer le rêve en réalité, son don inestimable pour rapprocher des mondes différents par la culture et la langue.

Syto Cavé et Anthony Phelps, deux éminents écrivains d'Haïti, qui ont consacré temps et talent, à ce projet, lui donnant racines et voix, indispensablement haïtiennes.

Finalement à la Sogebank, la Fondation Sogebank, American Airlines, Secrétairerie d'Etat de Tourisme, Texaco, l'Hotel Montana, DHL et à Caribintair, qui ont compris et accepté de parrainer notre rêve.

Dr. John Yates
Directeur exécutif/International Child Care

Where Light Speaks attests to the power of partnership when people invest of themselves, united in a dream. International Child Care wishes to thank a great many individuals, both in Haiti and beyond its borders, who believed, and, have made contributions along the way.

Foremost, with deepest gratitude, we thank the artists who made this book a reality:

Carl Hiebert, for his boundless enthusiasm, and for his obvious ability to look beyond the camera lens with great sensitivity and insight;

Sandy Noble Yates, for her commitment to nurturing this dream into reality, an invaluable role in bridging very divergent worlds of culture and language;

Syto and Anthony, two of Haiti's finest writers, who have given time and talent in order to allow this project to find necessary Haitian roots and voice.

And finally to our sponsors, Sogebank, la Fondation Sogebank, American Airlines, Secretary of State for Tourism, Texaco, Hotel Montana, DHL and Caribintair, who caught the vision and were prepared to invest of their resources to see this work completed.

Dr. John Yates
Executive Director of International Child Care

Préface / Preface

Ces photos me sont venues d'une terre désormais mienne, et qui m'a mis le coeur à l'oeil.

Partir voir. Partir donc de l'oeil. Se laisser déporter. Voyager vers un autre soi-même. Se reconnaître pourtant, en terre sienne, humaine, dans l'ordre fragile des choses, dans ce primitif arrangement du coeur et de l'objet.

Ces photos datent de l'enfance humaine, si vieille, si récente pourtant, puisque nouvellement suscitée en nous. Elles donnent lieu aux maisons, aux arbres, aux saisons, à l'enfant, à l'homme qui est et à l'homme à venir; un lieu géographique, certes, mais d'abord affectif, lieu rêvé d'une communauté affective captée par l'oeil en terre haïtienne.

Syto Cavé

These images came to me from out of a land now and forever my own. They have compelled me to see with my heart.

Let your eye carry you away, travel toward another self, this self, both native and human, seen in the fragile order of things, in this primal arrangement of the heart and the object.

These photographs take one back to a human innocence of long ago, nearly forgotten yet now born in us again. They lead us to the houses, to the trees, to the seasons, to the child, to the man who is, and the man who is to come. A place geographic, yes, but first and foremost a place of the heart, the heart of a people seen anew on Haitian soil.

Syto Cavé

Introduction

Chaque pays a ses caractéristiques propres, qui le distinguent des autres et façonnent son identité. Dans le monde actuel, lancé à la poursuite de la modernisation, l'authenticité culturelle est trop souvent occultée sous un emballage commercial. Nous errons, en ignorant tout de nos racines, oubliant jusqu'à notre appartenance.

Au cours de l'hiver de 1997, le photographe canadien, Carl Hiebert, arriva pour la première fois en Haïti. Notre rencontre se transforma en une amitié qui, sous-tendue par une vision commune, devait aboutir à *Paroles et Lumières*. Ce choix de photos, prises durant trois mois de voyage dans les campagnes d'Haïti, allait mobiliser, grâce à Pierre Brisson, deux des meilleurs écrivains haïtiens : Syto Cavé et Anthony Phelps. Au numéro 5 de la rue Bellevue, cet album prit sa forme définitive.

La technique employée pour ces photos a été celle du gros plan et du plan moyen. Elle permettait, non seulement de révéler une Haïti incomprise, mais également de retrouver, ici, l'humain.

Paroles et Lumières est une quête artistique, pas un documentaire. Haïti recèle bien plus, que ce qu'en mots et photos nous vous présentons. Notre désir: vous donner ne serait-ce qu'un avant-goût de sa révélation. Ecrites en anglais, français et créole, les légendes accompagnant ces photos ont leur source dans la sagesse et l'humour haïtiens. Elles sont poétiques dans leur célébration de la beauté, et prétendent libérer le vagabond qui sommeille en nous.* Nous n'avons pas traduit les légendes, afin de permettre à chacune des photos d'établir sa propre relation avec les trois langues de l'album: le français, le créole et l'anglais.

Haïti est une nation où l'expression culturelle fait partie de la quotidienneté et se manifeste par les sens: l'ouïe, la vue, le goût, le

At the heart and soul of every nation are those defining characteristics which set it apart and shape its identity. In today's world, with the push to modernize, the authenticity of a culture is too often buried in the external trappings necessary for competition in a global market. We are quickly becoming lost in a world that no longer cares for the roots of its independant cultures. We no longer know where we belong...

In the winter of 1997, Canadian photographer Carl Hiebert traveled to Haiti for the first time. We met, and so began a friendship that was to lead us down a road of shared intent that we now call *Where Light Speaks*, a presentation of images accumulated during three months of extensive travel throughout the countryside of Haiti. Graced by the sensitivity and artistic spirit of Pierre Brisson, this creation eventually gathered in its momentum two of Haiti's finest writers, Syto Cavé and Anthony Phelps. At 5, rue Bellevue, this book found form and definition.

The photographs in these pages were selected in a deliberate attempt to retell the stories of a Haiti hidden, not only in the recesses of time, but also in the darkness of a world misunderstanding. It is a return to where time has not run away with the deeper spirit in man, a return not only to what is Haitian, but to what is human.

Where Light Speaks is a work of art, not intended to be documentary in nature. Haiti is, of course, much more than we have portrayed in the weaving of these words and images. Our desire is to give you but a taste. The brief text that accompanies the photos is rooted in Haitian thought and humor. It is poetic, in celebration of beauty and in hopes that it might give way to the wanderer in all of us. The captions written to the photographs are not translations. Care has been taken to respect each of Haiti's three languages, allowing the

toucher, l'odorat. Vous le verrez dans les couleurs saisonnières du carnaval et des cerfs-volants, ou dans le blanc des premières communions; vous le sentirez dans le parfum des pelures d'oranges fraîchement coupées et dans l'air rempli de la fumée de charbon de bois; vous le goûterez dans la soupe au giromon que se partagent parents et amis le premier janvier, ou dans le griot (viande de porc grillée) accompagné de pikliz (sauce pimentée) acheté au coin d'une rue. Vous vous laisserez entraîner par le rythme lointain des tambours et la familiarité du toucher sans retenue. Vous l'entendrez dans le son de cloche du cireur de chaussures et dans les éclats de rire, provoqués par les conteurs, à la lueur d'un lampion.

C'est cette Haïti aimée, qui interpelle notre mémoire. Je vois son éclat sur les visages de mes amis Jean et Manno, dans leur humaine dignité.

Découvrez ce pays, où la lumière nous parle.

Sandy Noble Yates

photo to establish its proper relationship to the French, the Creole and the English.

Haiti is a nation exploding with expression. Deep below the flow of everyday life is a rhythm that knows innately how to celebrate being alive, to give memory to all of the senses. You will see it in the color of carnival and kites in season, or in the entourage of white upon white at first communion; you will breathe it in the scent of orange peels freshly cut and the air of charcoal fires heavy with smoke; taste it in the pumpkin soup shared with family and friends on the first day of a new year, or in the fried pork smothered with spicy cabbage bought at a kitchen on the street; feel it, move with it, in the rhythm of distant drums or in the ease of touch, one between another, unafraid of needing; hear it in the familiar ring of the shoeshiner's bell as he passes in the street, and in the laughter of storytelling by candlelight at night.

There is an older Haiti, loved and calling us to remember. I see its light in the faces of my dear friends here, Jean and Manno, who age in human dignity.

Listen with your eyes, and you too will know this is a place where light speaks.

Sandy Noble Yates

*Parmi les légendes écrites par Anthony Phelps, certaines sont tirées de son oeuvre poétique et sont marquées d'un astérisque. ***

*Among the captions submitted by Anthony Phelps, some are taken from his books of poems and are identified with an asterisk. ***

Anse d'Azur, Jérémie

Étranger qui marches dans ma ville

souviens-toi que la terre que tu foules

est terre du Poète et la plus noble

et la plus belle

puisqu'avant tout c'est ma Terre natale

ANTHONY PHELPS *Mon Pays Que Voici*

Stranger who walks in my city

remember that the land you set your foot on

is the Poet's and the noblest

and the most beautiful

since it is above all my native Land

ANTHONY PHELPS *Mon Pays Que Voici*

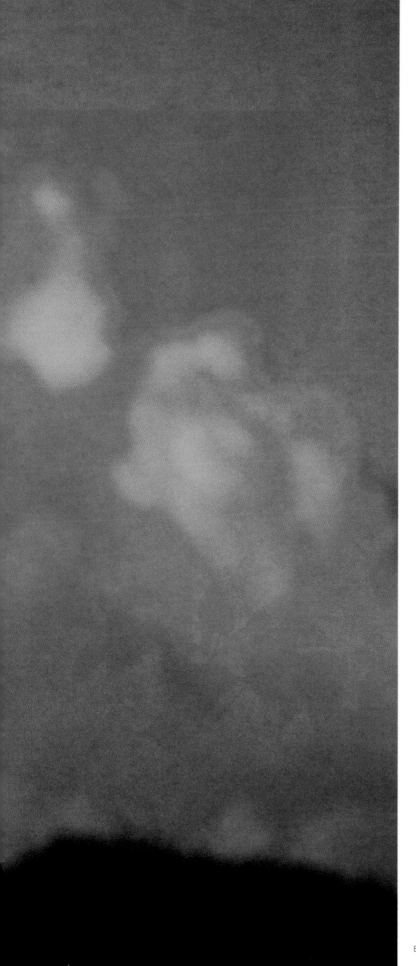

J'habite l'essence d'un mot

Moi qui n'ai palais ni châteaux
j'habite l'intérieur d'un mot
un mot sans courbes ni fioritures
qui monte droit comme une tige
un mot de ligne franche sans bavure

J'habite l'essence d'un mot où goutte à goutte
les parenthèses du passé
laissent filtrer sur leurs versants
la noble histoire
des démiurges noirs
chevaliers de la forêt vierge
dormant en paix du grand sommeil de bronze

J'habite l'essence d'un mot
couché sur l'eau comme la ligne de l'horizon
et l'épissure est sans défaut qui lie mon coeur
au coeur d'étoile de mon Pays

ANTHONY PHELPS *Mon Pays Que Voici*

I live inside a word

I who have neither palaces nor castles
I live inside a word
a word without curves or wastes
which juts erect like a stem
a straightforward word without shadow

I live inside the essence of a word where drop by drop
the parentheses of the past
let seep from their slopes
the noble history
of the black demigods
knights of the virgin forest
sleeping in peace the deep sleep of bronze

I live inside the essence of a word
lying in the water like the line of the horizon
and the splicing of my heart
is seamless with the star-like heart of my Country

ANTHONY PHELPS *Mon Pays Que Voici*

Bois de Laurence

Bois de Laurence

Bariadelle

Nous ne sommes pas en compétition
Nous nous complétons

Flè sa yo avè m, nou mache mendanlamen

Love in detail, detail in love – delicate the balance

Beaumont

Cap Haïtien

Que pensez-vous de nos barrettes?

Nou pa lan menm lekòl, men barèt nou yo: sa w di pou sa?

In our mind's eye,
we have together sailed the seas, danced barefoot in the clouds

Attention: fourmis!

Konèt sik pou yon pyas!
Menmsi w pa wè moun, ou mèt vin achte
Chèz la pa la pou kò l

Of wicker and wood,
a sugar stand;
that's ten cents a cone

Ce bateau a le don d'attirer les maisonnettes
comme l'aimant la limaille de fer

Lè bato sa-a rive, tout vil la desann bò lanmè

A boat with the gift to attract a village
like iron filings to a magnet

Pétionville

Seguin

Mais, où donc conduit tel chemin de paille?

Chèz pou salamanje
chèz pou kominyon
chèz pou lodyans
chèz pou asanble depite, senatè...
chèz pou bal, chakal, festival...
men chèz yo la tou pou fineray

...the best of which
 are worn weary

Rien qu'un frisson de feuilles
et le chemin se lève
cette face moins obscure de la forêt *

Bon tan, move tan, pyebwa sa-a toujou la lè machann yo ap pase

Shadow posturings of grandeur

Bois de Laurence

Enfin, il a dit les mots que j'espérais

Li fin pa fè lademand

A ballad
of you and me in counterpoint

Route de Jacmel

Grande-Anse

Quels maîtres de jardins
se souviendront de la formule du vert?

Ki mèt jaden k'ap sonje kouman
yo plante pyebwa?

What master of the gardens
will remember the formula for green

Mon grenier sans façons
s'est assis sur le sol avec son toit
*Je n'ai plus à grimper vers ma réserve de noctuelles   ***

Do tòl!...
memwa van ak lapli
karavan solèy cho
do tòl o!...
matla move tan

You are memory of the wind and of the rain,
a caravan of the hot sun;
you have been shelter in storms past

Corail

Anse du Clerc

Même le soleil est nu

Il était un Pays
Il était une Ville
Il était un Pays
dont les enfants ne rêvaient pas
....

Hommes sans connivence dans l'aube caraïbe
sur leurs bateaux d'espoir ils jouent à qui perd gagne
et négriers d'eux-mêmes
passant d'un esclavage à l'autre
ils abordent les terres plates de l'arrogance

Je vous salue gouverneurs du maïs
joués à contre-canne misés à contre-tout
par ceux assis à l'angle des terrasses
l'aisselle au frais toute conscience parfumée
flambeurs invertébrés de l'immense héritage
singeurs de l'autre inélégants imitateurs
Hommes grammaticaux farine que je boulange
dans la clarté de l'amitié pétrie
tant de maïs brûlé de tant de sang vodou
Hommes sans asile loin de la boue sacrée des Fêtes
cavaliers de mer morte sur vos barques d'offrande
je vous salue
et vous conjugue pour mon honneur et ma légende
En toute humilité

Il était une Ville
Il était un Pays

ANTHONY PHELPS
extrait de *Même le soleil est nu*

Even the Sun Is Naked

There once was a Country
There once was a City
There once was a Country
whose children did not dream
....

Uncorrupt men in the Caribbean dawn
on their ships of hope they play losers win
and slave traders of themselves
trading one slavery for another
they land on the flatlands of arrogance

I salute you masters of the corn
played against cane bet on against odds
by those sitting on the edge of terraces
their armpits kept fresh their conscience perfumed
spineless gamblers of an immense legacy
aping the other graceless imitators
Grammatical men flour that I bake
in the clear light of a kneaded friendship
so much corn burned up with so much voodoo blood
Homeless men far from the sacred mud of Feasts
riders of the dead sea on your ships of offering
I salute you
and I conjugate you for my honor for my legend
With all due respect

There once was a City
There once was a Country

ANTHONY PHELPS
extract from *Même le soleil est nu*

Corail

Et le pays s'en va: braise, cendre, fumée

E pazapa, peyi a prale an chabon dife, sann, lafimen

As it goes in this country: cinder, ashes and smoke

Nous avons besoin de toi, ma petite

Chaj la lou
Mafi pran kouraj, wout la kout

It is a drama
in the interlude between morning and night;
miles to go

Marigot

31

Je suis modeste fleur
parfois me prend fantaisie
d'imiter lave de volcan

Atout mwen se ou ti flè,
lè van soufle sou mwen,
cheve lan tèt mwen ka fè m tounen boukan dife

Unleash me, oh wind,
set me ablaze in this explosion with the sun

Furcy

33

Cap Haïtien

Je te l'avais vraiment promise pour aujourd'hui?

Ou si se jodi-a m'te di w l'ap pare?

Really…you're sure I said they'd be ready today?

Cap Haïtien

Bois de Laurence

Regard indiscret soulève le voile

Kou jouda, yon ti limyè glise lan fant pòt la

You invite so curious a light

Kenscoff

*Derrière ma porte close
et mes rideaux de paupières
je regarde vivre le silence
où mûrit la promesse du poème* *

Pòt mwen fèmen, men li gen flè devan-l

*Do not be deceived, silence lives;
for concealed behind assumed deaths,
there matures a willing*

Dufort

Pétionville

Quelle sacrée collection!

Tout boutèy ogadavou
Letènèl se lakansyèl

A salute to the Maker of color

Tresseur tresse ta paille
aux cailloux des oiseaux
je mêle un peu de grains
pour un temps meilleur
de pierre et de mousse *

Kòd ki pou pann mwen an,
m'poko ap fè l;
gen twòp bagay m'bezwen regle

Flowing tresses, cord of life

Dame-Marie

Cavaillon

Balayer n'engraisse pas le porte-feuille

Pou jan m'konnen m'bale
adoken pa fè wout pòch mwen

Gold dusting at dawn

En groupe, nous ne servons à rien

Yo rele-n bale
ansanm, nou ta ka sèvi poto kay
si ou flè chans te pase

There is a time to be practical,
and a time to be simply beautiful —
"chalks and pastels," a portrait

Pestel

Dessalines

Ça? Mais c'est un crayon, pas une brosse à dents

A,O, U, I!…
Jodi-a yo anbake m sou vwayèl,
demen ya anbake m sou vwalye

Seedlings grow well in rich soil

Fourmi ne donne qu'à sa mesure

Malgre dlo ra, m'pa ka kite-n konsa,
se nou k'pou bay kay-la frechè

What I need is also what I must give

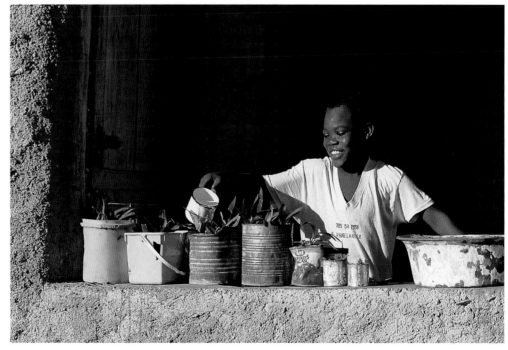

La Plaine

Kenscoff

C'est avec les rétailles qu'on habille les poupées

Retay wòb gran moun pèmèt ti pope abiye

A castaway becomes the garb of a princess;
the stardust, simply the believing of a child's heart

Les robes, chemises, pantalons,
vestes, guayaberas
trouveront plein de cadeaux dans ces bocaux
Il leur manquera seulement le fil et les aiguilles

Se fil ak zegwi ki pou manke
Kanta pou wòb, chemiz, kanson, vès, gwayabèl,
Tout jwenn zetrenn nan boutèy sa yo

An enchantment for any piece of tailored cloth,
bottled magic

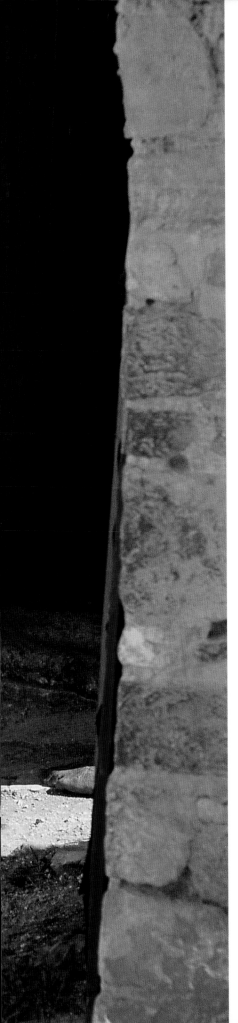

dors mon enfant, dors

Il viendra le temps d'apprendre à souffrir
il viendra trop tôt le temps du réveil
Il sera brutal. Il sera cruel
Dors mon enfant Dors

Tes petites mains sont inoffensives
et ta voix de tête ne saurait chanter
les notes d'amour et de liberté
qu'au long du printemps inventent nos coeurs
Dors mon enfant Dors

Il viendra bientôt le temps de l'été
où tu diras non aux colons modernes
le temps de te battre pour ton beau Pays
une fleur soleil au coin de la bouche
et des mots de feu sur tes lèvres pures
Mais pas maintenant
Patiente mon fils
Dors mon enfant Dors

Viendra le jour où nous asservirons
le dieu vert des yankees
où la poussière des parias
et la sueur des sans logis
ne seront plus en l'aube neuve
qu'images sans réalité
Viendra le jour où le Pays
retrouvera son angle de repos
et le peuple soudé par le liant de l'Amour
portera jusqu'au ciel le puissant jet du mât
Mais patiente mon fils
Dors mon enfant Dors

Viendra le jour des cerfs-volants
avec le vent chantant l'amour
sur le double clavier des franges de couleurs
Viendra le jour de plein soleil
avec des fleurs à chaque branche
et dans les mains l'épi doré de la bonne récolte
Mais patiente mon fils
Donne-moi ta main frêle
et tes pas dans mes pas
et ton oreille sur mon coeur
écoute battre
écoute vivre
Ma Villle et mon Pays
ta Ville et ton Pays

ANTHONY PHELPS *Mon Pays Que Voici*

sleep my child, sleep

It will come the time to learn to suffer
It will come too soon the time to wake up
It will be brutal. It will be cruel
Sleep my child Sleep

Your little hands are inoffensive
and your voice would not know how to sing
the notes of love and freedom
along the Spring our hearts invent
Sleep my child Sleep

It will soon come the time for summer
when you will say no to the modern settlers
the time for you to fight for your beautiful Country
a sunflower on the side of your mouth
and words of fire on your pure lips
But not now
Be patient my son
Sleep my child Sleep

It will come the day when we will tame
the green god of the yankees
when the dust of the have-nots
and the sweat of the homeless
will be nothing more in the new dawn
than images without substance
It will come the day when the Country
will find again a time for rest
and the people welded by the web of Love
will lift up to the sky the powerful jut of a mast
But be patient my son
Sleep my child Sleep

It will come the time for kites
along with the wind singing of love
on the double keyboard of the fringes of colors
It will come the time for the sun to shine
with flowers on each branch
and the golden cob of the plentiful harvest in each hand
But be patient my son
Give me your frail hand
and your steps in my steps
and your ear on my heart
hear it pulsing
hear it breathing
My City and my Country
your City and your Country

ANTHONY PHELPS *Mon Pays Que Voici*

Tous ces écoliers savent où ils vont
La bourrique ignore où s'arrêter

Lan lari bò isit tout aktivite melanje,
tout moun konn ki kote yo prale,
sèl bourik la k'pa konn ki bò l'ap rive

I am Everyman on a street by the name of Everyday;
the donkey isn't quite sure where he is going

Si jamais je me réincarne,
ce ne sera pas en bourrique
encore moins en cheval
qui se prend pour un boeuf de pressoir

Si m'gen pou m'tounen sou latè,
gen 2 bagay mwen pa ta renmen ye
bourik oubyen chwal ki pran plas bèf-moulen

If I was to return to earth again,
there are 2 things I would not want to be,
neither donkey or horse taking the place of a mill steer

Les Cayes

Robin

Laboureur de sable et pour quelle récolte?

Travayè sab!
Ki bò dyakout ou kroke?

Oh, worker of the rock,
to what end?

Laboule

La Plaine

Est-ce l'aube ou le crépuscule? Quelle différence!

M'pa konnen si solèy ap leve
ni si se kouche l'ap kouche
tou sa m'ka di:
se travay m'ap travay

I will labor a sacred labor
to endure,
as into the infinity of the skies

Léogane

Je ne me frotte à nulle épaule qui se pense constellation,
*où fait défaut mon oxygène rêveur ***

Sa ki dèyè ranmase l pou mwen

I prefer company of like mind,
those close to the earth

Marigot

Tu peux jouer avec moi
Me retourner dans tous les sens
toujours demeurerai: paille et lumière

Tout jan w vire m, m'se pay ak limyè

Play with me if you will
No matter how you turn me, I am as I am:
straw and light

Kaliko

Chiche!

Men kwa manman ou
men kwa papa ou

You dare me?

Route de Jacmel

Dure est la route où je me hâte
car je m'en vais chercher refuge
dans l'étincelle
m'y consumer
dans un éclatement aveuglant de soleil ∗

Wout la rèd, men fò n mache vit anba w solèy k ap pete je n

How I want to end this journey, but I cannot,
for it will not

Furcy

Quel vent nous redressera vers la gauche,
notre espace de coeur?

Ki lè van-an ap brote n sou
bò goch kote kè nou chita?

Swept, tassled ice,
feather-soft upon touch

57

Port-au-Prince

Je ne me suis pas déguisé
pour défiler au carnaval
Je cours après mon pain quotidien

Kote w ap gade-m la, ou ka konprann se nan kanaval mwen prale!
No, papa! Se mache-prese ki pèmèt mwen wè devan-m

You assume I am going to carnival
Things are not always what they seem

Kenscoff

Les vendeuses sont à l'heure
mais les acheteurs sont toujours en retard

Moun k'ap vann yo la,
men se achtè yo k'ap pran tan pou yo vini

Before the cat has had time to comb his whiskers,
the sellers have already set up for the day
The buyers never come soon enough

Desarmes

Remplir le sac est chose facile,
mais qui va le transporter?

Plen sak la se youn, se deplase l la ki rèd

There's more to that bowl of rice than meets the eye

Nous avons presque tous les yeux en petits pois

Tou sa w bezwen la-a
Sa w pa jwenn, se sa m'pa genyen
Pa anmèkde-m, al chèche l lòt kote

If you cannot find it, I do not have it
Please don't hassle me, look elsewhere

Pétionville

Le béton est prêt
mais, sans nos mains-chaînons
il n'y aura pas de maison

Mòtye te mèt brase,
si n'pa fè w chenn, kay la p ap monte

A pulse of synchronicity,
the grasping firmly, the letting go;
lugging is the rhythm in between

Port-au-Prince

Pacot

Maison magique en rupture de poux de bois,
apprivoisant tes lattes je m'aventure à pas chinois
*sur le balcon de mon enfance *   *

M pa menm beswen met makiyaj

From on the balcony of my childhood
your skin so smooth and flawless;
such is the grace of nostalgia

63

Furcy

Cette petite chaise, je ne l'ai pas encore tout à fait domptée

Ti chèz sa-a kont kò l, lò w wè m'chita sou li

When I was a child . . .

Camp Perrin

« Haut les mains! » lui dit la misère

Lamizè! pa fè m olèmen, m se ou timoun san papa

Tender the bruisings of the fatherless

Bassin Bleu

Mon nom est source ou cascade
On m'a mêlée à tant de fausses légendes
S'il te plaît, prends-moi telle que je suis

Yo rele m sous oubyen kaskad
non m nan tout koze
Tanpri! Pran m pou sa m'ye!

Free falling and breaking,
to silence;
deep, still waters tender waiting

De gauche à droite : rhinocéros, dinde et canard
et même un lion
Mensonger miroir de la lumière dans l'eau

Kodenn, kanna, rinoseròs ak lyon,
tout vi n benyen la-a, lè solèy ap leve

Right side up, upside down;
rhinoceros, ducks, turkey and even a lion
Mirrored musings

Dame-Marie

Kenscoff

J'ai retrouvé mes rives et gagné mes hauteurs
mon toit de fruits et de sentiers
mon lit de fougères en crosse de pape   *

Sou do mòn sa-a, zetwal, solèy,
lalin ak lawouze renmen flannen mendanlamen

My risings and fallings upon your bed awaiting
You have claimed me

Laboule

Bois de Laurence

Mon ombre a plus hâte que moi d'aller au travail

Bondye! Ki lè lòt kamyon sab-la ap rive?
Lonbray mwen pi prese pase m

My shadow would race ahead of me to the quarry;
believe me, I'd be content just taking my time

Là où vous me voyez, je n'y suis pas
Vous regardez la photo d'une photo

Kote w ap gade-m la-a, se pa la mwen kanpe
Sa-a se pòtre ou pòtre

Where you see me is not truly where I am standing
Look again

Homme du levant,
il traverse les champs
à grands fouets d'arrogance

Non vanyan m se: Sanpransouf!
— Georges Castera

Man of the rising sun,
owning the fields with every lash of his whip

Seguin

Cavaillon

Le vent menace la flamme
la nuit risque d'être creuse
mais, prions mon enfant,
car Dieu est bon

Ti fi dezòd pa voye wòch
Bisuit sa yo pa bisuit leta

When darkness overcomes us,
my child, we light a lantern

Je fais du pain. Ne le donne pas en cadeau.
Ne suis pas Dieu

Mason fè kay, li dòmi anba pon;
Boulanje fè pen, pitit li grangou
                    — Claude Innocent

The mason builds houses but he sleeps under a bridge;
the baker makes bread yet his child goes hungry

Persévérance de l'aiguille traçant son chemin de fil

Bò isit, chen pa jwenn zo anba tab tayè

And threads of humility are sewn into every garment;
wealth not squandered

Desarmes

74

Les Abricots

Aïe!....quelle belle invention que l'école

Ala ou bèl ti jwèt!
M'ta ret lekòl la jouk aswè

Play, with a serious twist

Port-au-Prince

Ma Ville

Port-au-Prince ma Ville
tu descends vers la mer la pente lisse des montagnes
te déhanchant te balançant
au rythme souple et cadencé des noires maraîchères

Le flamboyant chante le rouge du couchant
La sensitive se cloître pour la nuit
et la mer à tes pieds
docile rentre ses vagues
flattant de ses doigts d'algue l'assise de ton roc

Ta part de mer est bonne entre tes bras
ta part de mer et qui t'étreint
mêlée à toi comme l'arbre dans la boucle du vent
ô ma Terre déliée douée du verbe
Terre dotée du feu sacré

Du haut de ta margelle de montagnes
ma voix te tisse des mots en fibre de sisal
et quand tombe le soir je suis un ciel de nuit profonde
où brille l'étoile de ton nom

Dans tes artères nous coulons ville de pierre
ville de chair et qui respires
et qui transpires
Et si ton coeur est invisible
c'est qu'il est fait de tous nos coeurs
battant pour toi chantant pour toi
pour toi rêvant

Port-au-Prince ma Ville
sur moi ton souffle en bouffées chaudes
sur moi tes doigts de mer et de montagnes
tes doigts sur moi qui me retiennent et m'emprisonnent
Tu m'as porté comme une mère
je te rendrai ce que tu m'as donné

ANTHONY PHELPS *Mon Pays Que Voici*

My City

Port-au-Prince my City
you go down the smooth slopes of the mountains to the sea
sashaying swaying
with the supple and cadenced rhythm of your marketwomen

The flame tree sings the red of the sunset
The sensitive plant is in hiding for the night
and the sea at your feet
gently brings home its waves
with its fingers of algae caressing your bedrock

Your share of the sea is good in your hands
your share of the sea that hugs you
flowing into you like a tree circled by the wind
o my Earth unbound gifted with the word
Earth blessed with the sacred fire

From atop your mountain edges
my voice weaves for you words of sisal fiber
and when the evening comes I become a deep night sky
where the star of your name sparkles

In your arteries we flow city of stone
city of flesh that breathes
that perspires
And if your heart is invisible
it is because it is made of all our hearts
beating for you singing for you
dreaming for you

Port-au-Prince my City
I feel your breath in warm gusts
I feel your fingers from the sea and the mountains
your fingers on me holding me and keeping me
You carried me like a mother
I will give you back what you gave me

ANTHONY PHELPS *Mon Pays Que Voici*

Dame-Marie

En mémoire d'embargo, on a l'E. D' H. qu'on peut

Mezi limyè w, mezi wanga w!
Se la tikay ranmase kò l

The cacophony of day falls into cadence,
a night song

Desarmes

La chaise tentatrice se paye la tête du passager

Gad jan yon chèz ap fè pasaje filalang!

That chair should pay full fare — it's taking my place.

Champ de Mars

Mon sourire atténue ce que disent mes yeux

Tristès ki lan je m pi gran pase m

My smile deafens what my eyes say to you

Bois de Laurence

Route de Jacmel

Hier, sur la route de Jacmel,
j'ai vu une tonnelle épouser le mouvement du passant

Ti malice, papay,
dlo vi n nan bouch mwen

Of mountain air, and winding roads,
of bananas tiny, with apple taste;
Jacmel, such are the memories of my senses

Cap-Haïtien

Où est donc passé notre jus?

Si ou kale m san w pa kase m
w ap gen oun bèl wòb nèf

Sunskins carefully spiraled,
a backyard art

Cayes-Jacmel

Quand la mer est aussi belle,
j'ai envie de filer jusqu'à Miami

Lè lanmè-a bèl konsa,
m'anvi fonse jouk Miyami

When the ocean is this beautiful,
I have hopes to take a spin as far as Miami

St. Michel du Sud

Quand je dessinerai un bateau sur le mur
ne t'étonne point si je monte à bord
et prends le large   *

Jou w wè m'trase ou bato sou panno kay la,
pa sezi si w wè m'monte abò pou m'met deyò

And we grow old only to know the child still longs within us;
I will paint a boat upon this wall and don't be surprised to find me in it

St. Louis du Sud

Jusqu'à présent les lendemains qui chantent
ne savent point nous regarder sans visière *

Ann rale senn-la, anvan lanmè move
sinon, lakay, chodyè pa p monte

Even the simplest of all visions
will create tangibles of earthly good

Roseaux

Canal de la Tortue

Aquin

La mer en toute falaise
prend sans vergogne son bain de siège

Solèy la cho li lè pou-m chita
sou yon dlo kalalou

There are tight harmonies in nature
between sky and earth,
cliff and sea
Agreements

Jamais ton eau n'éteindra mon heure

Lajounen, yo rele-n Simbi-Nan-Dlo;
leswa nou tounen Lasirèn-Dyaman

Mingling the river sounds,
chants of laughter in the tease of playfulness

Croix des Missions

Léogane

Regarde bien mon oeil
si je ne souris pas,
c'est pour ne pas te montrer ma dent en or

Gad je-m byen.
M'pa-vle ri pou pa wè m'gen ou dan lò

Look me in the eye
If I am not smiling,
it is only because I do not want you to see my gold tooth

Seguin

Ah! . . . dix pages plus loin nous retrouvons enfin notre jus!

Zoranj Jakmèl pa menm ak zoranj Okap, sa se vre;
men zoranj sa yo, kote yo soti?
Kay yon pent oubyen kay yon fotograf?

Oranges from Jacmel or Cap Haitian?
There is nothing loud about detail
Subtleties define

Artibonite

À tes oreilles les paroles des vendeurs
établissant sur toi leur emprise
ne sont point parvenues   *

Lò w fin laboure latè,
bann yon ti chans pou n'laboure bèf la
anvan tik fin manje l

When you are finished working the ground
give us a chance to work over the beef
before the ticks have finished eating him

J'ai des racines plus profondes que celles du roc
Je m'épanouis bien au-dessus de la pierraille

Rasin pa m pi fon pase rasin wòch
avantaj pa m se tètanlè
m ap veye sou tou sa n'pa ka wè

Wild hope leaps green
from out of the terrible weight of earth

Anse Rouge

Furcy

Jérémie

Plumes, éperons, becs et violence.
Moi, épine, je fais de la couture

Zepin ak zepon,
tou 2 kreve je…miwa-basen-san!
Pikan

Koo-koo-ree-koooo!

97

Qui trompes-tu? Je ne vois que du feu,
rien d'autre que vapeur d'eau

Twa wòch kont pou chodyè jwenn pye
men, san bwa dife, li p ap ka mache

Too often we breathe death in our living,
not with intent, but in our lack of intent;
God, kindle this soul

Anse d'Hainault

Furcy

Il y en a qui me boivent, amer!…

Seriz kafe, nou ròz
pa kale je-n nan je-m
kafe toujou anmè

Some drink me bitter!

La Plaine

Et ton sourire ce matin là
figea l'écume entre tes doigts

L ap kimen. Talè m ap fè l fè twit

Generations of womankind grace the earth
with the color of intent

Bois de Laurence

Un lieu-demeure tout en sentier-tortue
où le bleu fasciné s'étire hors de raison
en mots de plumes et pierres *

Wout sa-a pa mennen lan syèl,
men se la syèl la jwenn koulè l'merite

I am deepening hues of mountain mauve,
unfolding,
unrestrained

Bois de Laurence

103

Marigot

Bariadelle

Ma maison est une main
qui dit bonjour à tous les hommes   *

Kay pa m s'oun plamen
ki di tout moun bonjou

I bid you welcome

La lune en afro
casse mes dents de peigne   *

Pèmanant, pèmanant: dola!

In simple ways we know love's intent.
It is as it should be

Viendra le jour des cerfs-volants
avec le vent chantant l'amour
sur le double clavier des franges de couleurs *

Sèvolan-m la gen 5 bwa
1 bwa mitan pou bèl sakad
2 dyagonal pou l bay payèt
yon bwa lan nen
yon bwa lan tèt

The winds are up!
It is the season of the kite,
the carefree play of color with wings

Saint Médard

Est-ce moi qui t'intéresse ou ce que je vends?

Sa m'gen lan kivèt-la?
Tablèt! Nou vle?

I am known along the northern road,
my basin filled of island sweet
"Bonjou, Mamoun," and I am beckoned

Jérémie

Je serais donc agent de circulation?

Isit se Kowet, ou kite Vietnam dèyè

No, this here is Kuwait,
you left Vietnam way behind you!

Arcahaie

Fillette en papillote
quand tu franchis le seuil
n'oublie pas de rentrer le ciel   *

Ti tripòt! Sa n'ap fè la san n'pa di m
Pa fèmen pòt la san n'pa di m

Child eyes,
upon your entrance do not forget to bring with you
the sky

La Plaine

Une touche me dit que je peux être étoile
Une ombre cathodique me brouille le comment
Je ne saurai jamais si suis soleil ou puce   *

Swèl la bèl
men se raje a
ki bay dadam frechè

The skin of twilight covers the earth,
translucent bronze with so radiant a face

Bariadelle

Kenscoff

Fillette en papillote
deviendra femme-prunelle
sous le calendrier frileux des lampes *

Demen, lè lanp yo va limen,
riban tout ti fi ap tounen papiyon

Ribbons to unfold into butterflies
gradually, not before their time

Jacmel

Carnaval / Carnival

Masques joufflus
bouches crevées
yeux de lumière
le carnaval est revenu
avec ses rythmes ses folies
les feuilles vertes du désir

Le carnaval est revenu
l'amour renaît dans les couleurs
et sur les places
et dans les rues
dansent les hommes
un pas de foule

Et sur les places
et dans les rues
chantent les hommes

Le carnaval c'est pour danser
Le carnaval c'est pour chanter
Ne pensons pas au lendemain
vive la danse
vive le chant
La fleur est faite pour les yeux
la bouche est faite
pour le baiser

Mais les enfants qui les regardent
la tête en feu les mains en poings
disent tout bas dans leur langage
Le fruit est pour la bouche
mais du fruit à la bouche
faut le temps de la prise
et d'une bouche à l'autre
le poids de la parole
pour atteindre au baiser
faut passer par les mots

Masques joufflus
bouches crevées
yeux de lumière
le carnaval est revenu
avec ses rythmes ses folies
les feuilles vertes du désir

Chantent les hommes dans les rues
Dansent les hommes sur les places

Mais les enfants qui les regardent
ferment les yeux baissent la tête
Ils n'ont plus l'âge de leur coeur
Les enfants rêvent d'autre chose

ANTHONY PHELPS *Mon Pays Que Voici*

Jowly masks
Mouths blown out
eyes of light
the carnival has returned
with its rhythms and its madness
the green leaves of desire

The carnival has returned
love is reborn in color
and in the squares
and in the streets
men are dancing
to the beat of a crowd

And in the squares
and in the streets
men are singing

The carnival is made for dancing
The carnival is made for singing
Let us not think about tomorrow
hooray for dancing
hooray for singing
The flower is made to be seen
the mouth for
a kiss

But the children who look at them
their heads on fire and their hands balled
into fists
quietly say in their language
The fruit is for the mouth
but from fruit to mouth
there is a time for harvest
and from one mouth to the next
the weight of the word
to reach for a kiss
words have to be used

Jowly masks
mouths blown out
eyes of light
the carnival has returned
with its rhythms and madness
the green leaves of desire
men are singing in the streets
men are dancing in the squares

But the children looking at them
close their eyes lower their heads
They are no longer as young as their hearts
The children are dreaming of other things

ANTHONY PHELPS *Mon Pays Que Voici*

Ah!…même le soleil s'y blesse!

Se la solèy la blese kò l, a midi-zenglendo

Hostility rages at a noonday sun

Cap Haïtien

La barrière de ton jardin
révèle l'amitié des étoiles
et des cactus-candélabres

Zetwal ak kandelab kapab fè zanmi
nan lakou kay zòt

The gate of your garden
reveals friendship of stars and cactus

Marigot

Pétionville

Tu es bien dans mon oeil
et nous vois du dedans *

Se ou ka p gade m
men se mwen k'wè w

In our early years we see so clearly;
young seeing seldom knows how to savor

Visage délacé sans délire
lieu où l'ombre est lumière
où la parole n'est point de mise *

Si figu-m sere se vag map vag ou

Seasoned tenacity

Furcy

Terre amadouée par la houe
je détaille tes beautés latentes
tes promesses souterraines *

Ti kawo! Ti kawo!
Kou tèt Madlèn lò l pral lan kominyon
oubyen lan batèm

I like the mystery of not knowing fully,
the mining for what is valuable

Citadelle

Milot - Sans Souci

Petit Soldat

Connais-tu cette Citadelle
petit soldat chargé de mort
chargé de mort couleur d'acier
Connais-tu cette Citadelle
la Citadelle du Roi Henry

Petit soldat qui manges mal
la balle en or avec laquelle
le roi Henry s'est suicidé
la balle en or qui seule vit
le fond du coeur du roi Henry
si tu l'avais tu serais riche
petit soldat qui manges mal

Connais-tu cette Citadelle
petit soldat chargé de mort
chargé de mort couleur d'acier
Connais-tu cette Citadelle
la Citadelle du Roi Henry

Elle est construite avec le sang
avec les pleurs avec la peine
Elle était pleine de boulets
pleine de mort couleur de fer

Mais si tu vas sur ses remparts
petit soldat qui rêves gloire
mais si tu vas sur ses remparts
tu verras cette chose étrange
Près des canons la marguerite

Petit soldat chargé de mort
chargé de mort couleur d'acier
connais-tu cette Citadelle
la Citadelle du Roi Henry
prise d'assaut par la lumière

ANTHONY PHELPS *Mon Pays Que Voici*

Little Soldier

Do you know this Citadelle
little soldier full of death
full of death the color of steel
Do you know this Citadelle
the Citadelle of King Henry

Little soldier who eats poorly
the gold bullet with which
King Henry killed himself
the gold bullet which alone
opened
the bottom of King Henry's heart
if you had it you would be rich
little soldier who eats poorly

Do you know this Citadelle
little soldier full of death
full of death the color of steel
do you know this Citadelle
the Citadelle of King Henry

It was built with blood
with tears, with pain
it was full of bullets
full of death the color of iron

But if you go on its ramparts
little soldier who dreams of glory
but if you go on its ramparts
you would see this strange thing
Near the cannons the daisy

Little soldier full of death
full of death the color of steel
do you know this Citadelle
this Citadelle of King Henry
assaulted by light

ANTHONY PHELPS *Mon Pays Que Voici*

Citadelle

Jacmel

Si les cailloux pouvaient me voir
Dieu! qu'ils seraient jaloux

Gad jan dlo larivyè ka fè m bliye dlo ki lan je m!

Around me, and over me, satin rain falling

Jacmel

Je te donne une porte ouvrant sur nulle chambre
une route sans ligne d'horizon
la clef du vide
et l'effrayant silence des galaxies *

Dèyè pot gen pôt

There is light you do not yet know
It is found in an empty room, on a road without horizon,
in the terrifying silence of the galaxies
I give you the key, to emptyness

Seguin

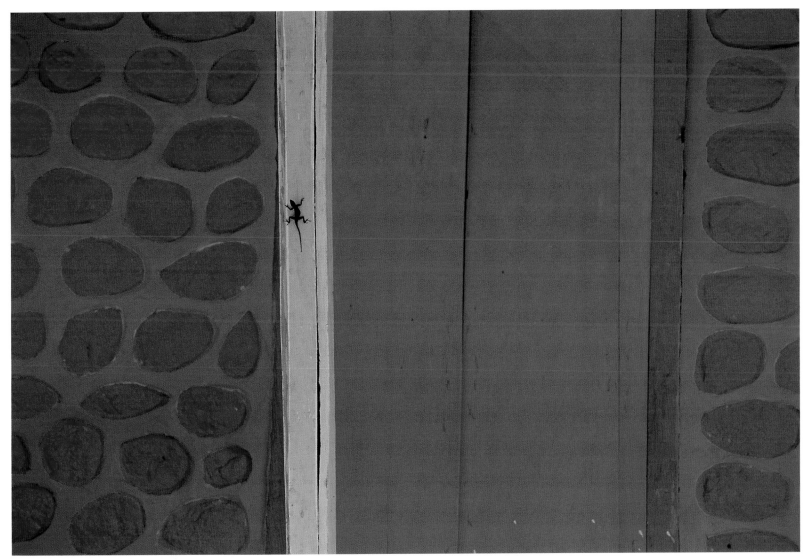

Pestel

Je suis chez moi partout

Chemen zandolit, se lan kè-l li rete

My home is anywhere and everywhere,
so don't be surprised if I show up

Cathédrale, Port-au-Prince

Je veux que l'on me prenne tel que je suis
celui qui dort du côté gauche
le coeur autour de ses mains   *

Jan w wè m la, se konsa pou pran m
Mwen dòmi sou bò gòch ak kè m mare lan men m

Young man, what do you know of Love?
"It is, to be accepted as I am, though sometimes sleeping."

Cathédrale, Port-au-Prince

Aujourd'hui est dimanche,
nous allons toutes communier
mais je ne sais pas si j'ai péché

Jodi-a se dimanch; nou tout pral kominye
Mwen pa konnen si m'fè peche

White upon white,
perhaps angels?

Beaumont

Vous le voyez bien, la cuisine est fermée

Chapo a vle di: tann mwen wi…m'ap vini!
Annatandan, gen 2 tèt pijon ki anvi met deyò
Lautréamont ta renmen foto sa-a

Kitchen's closed, it's been a day!

Kenscoff

Elles sont l'âme de la maison
Sans elles tout s'en va à vau-l'eau

Se konmsi w te konnen:
ou wet pawòl la lan bouch mwen

"You take the words right out of my mouth."
Women! spirit and soul of the home,
to be honored

Tu as du lait,
mais ne prends pas tes fruits
pour des seins

Sou chemen lakòt,
se pye kokoye ki bay lanmè tete

Laden offerings for the sea.

Bariadelle

Les Abricots

Sororal partage de canne à sucre

*Nou toujou manje ti kann nou ansanm
Demen, menm lè n'san dan,
w ap jwenn nou chita kòtakòt menm kote*

*When we are old, and rocking toothless,
then, too, you will find us side-by-side*

Seguin

Arbre / Tree

Arbre de mes deux mains jointes
arbre sans pareil
au tronc déjeté perçant mon toit
dans l'immobilité féconde du silence
ta branche veille à la naissance du poème
et le mystère des nuits sapides
descend le long de ton écorce
avec son poids d'étoiles égarées

Arbre de mes bras en croix
dans la tourmente du monde en feu
du feu qui prend de toutes parts
du feu des pages lues
du feu de l'eau qui dort
du feu des membres nus
dans la tourmente du monde en feu
arbre de mes bras en croix
de toutes tes feuilles
tu me relies au ciel en équilibre

ANTHONY PHELPS *Mon Pays Que Voici*

Tree of my joined hands
tree like no other
whose warped trunk pierces my roof
in the fecund immobility of silence
your branch watches over the birth of the poem
and the mystery of savory nights
goes down the length of your bark
with its load of stranded stars

Tree of my crucified arms
amidst the torment of a world on fire
fire sprouting from everywhere
fire of pages read
fire of stillwater
fire of naked organs
amidst the torment of a world on fire
tree of my crucified arms
with all your leaves
you tie me to the serene sky

ANTHONY PHELPS *Mon Pays Que Voici*

Pétionville

Songe ou réalité?

Kay sa-a pa pou vann
mwen kite l pou manman-m

Intense this fragility
that would give home to such a flame

Rien qu'une mousse de parole
et l'arbre-flambeau revêt sa flamme
la pierre-tonnerre pense sa foudre *

Solèy kouchan fè-m wè vanyan gason!

An evening sky asks,
"Flamboyant, might we exchange cloaks for a time?
I want to feel your color against my skin
and for you to know my night against your own."

La Plaine

Furcy

Ce ne sont que des larmes de dentition

L'ap fè dantisyon, se poutèt sa l'tap kriye

Your tears, my child, are growing a heart

Je sais où tu habites
un oiseau me l'a dit
je prendrai ce chemin
avant que vienne la nuit

Nan fenèt pyebwa
kolibri montre n sekrè koulè
— Josaphat Large

Once, an uninviting pounding upon metal;
Now, the smallest of voices bidding entrance.

Thomazeau

Furcy

Ici, c'est la vraie transparence: tu n'achètes que ce que tu vois

Pa di m ou pa t wè sa w t'ap achte;
M'pa janm vann chat nan dyakout

Dressings in a village window;
if you don't see it, we don't have it

137

Rester ancré dans le silence
sans gestes inutiles *

Si w vle n'pale, rale syèl la sou kote w

Sun, you give me voice

Jacmel

138

Anse d'Hainault

Même sur nos têtes nous portons l'uniforme

Timoun! Ann sispann ri, men y ap fè foto-n

Language! More than just a gathering of words

Si belle et douce est la saison nouvelle
que je révélerai l'autre versant
*de mes mots sans couleurs ** *

W'ale, dirèk!
Ki lè n'a wè ankò?

It's just a little way further
straight down this road,
maybe half an hour —
we will meet again, won't we?

Les Cayes

Furcy

Un jour prochain

La chrysalide de l'espoir
avec cette promesse en elle
qui prend forme et volume
grandit dans le cocon

Ne cherchez pas à deviner
le point de la maturation
Nul n'a jamais surpris l'instant
où en matin se change l'aube

Un jour prochain la chrysalide
deviendra papillon
mais laissez-lui le temps
de connaître ses ailes

ANTHONY PHELPS *Mon Pays Que Voici*

One Day Soon

The chrysalis of hope
with this promise in her
that takes form and volume
grows in the cocoon

Do not try to guess
the time of maturation
No one has ever caught the moment
when morning changes from dawn

One day soon the chrysalis
will become a butterfly
but give her time
To get to know her wings

ANTHONY PHELPS *Mon Pays Que Voici*

Jacmel

Dors mon enfant, dors

Kay, avyon, riban ak papiyon,
tout ap vire ron,
tout ap taptap lan jiron ou ti bebe

We dance, child;
a myriad of colors
whirling, twirling to your delight

St.-Marc

C'est moi, la dominante
Quand je m'éteins, vous n'êtes que du déjà vu

Solèy pral leve
Lalin ap rale kò l sou pwent pye

In the hour of wake-up,
a tip-toe stretch from the moon

Arcahaie

Les heures ont froid
moi, je dis tes yeux:
lunes fendues sur l'immensité

Pou bèl ou bèl
men se pa koze a sa
kou m wè w, trip mwen vire lanvè

Timeless, her mysteries,
Persuading, her beauty

Souviens-toi que la plage est la mémoire des îles *

Ti bout lanmè sa-a si l te kapab ala l ta pale!

*In every shell,
the memory of a thousand island tales*

Marigot

144

Port-au-Prince

Calabasse

Il fait un temps inénarrable
celui du vivre à coeur ouvert
tous trésors réveillés *

Anjwèt konsa, m'san lè bourik-4-las

I hold all of this carefully in my hands,
but loosely;
it is not to be owned

Cayes Jacmel

Cause toujours, ma fille,
le dernier mot de ta copine sera pour moi

Pawòl nap pale-a
gen lè li pi bon pase marinad mwen yo

An afternoon conspiracy

Route de Jacmel

Au domino de la mémoire
des souvenirs de poche *

Konpran-n se dojoudwi moun ap mouri

Only the rains speak now,
my world rushes to silence in awaiting
the Sacred

Les Cayes

Les cloches remplacent très bien les aiguilles
Pourvu qu'on ne soit pas sourd

Klòch legliz la kontinye sonnen
Men zegwi k'pou bay lè-a, gen lontan yo bwaze

Echoes,
echoes of time standing still

Jacmel

Nous ne sommes pas des extra-terrestres!

Lè m'ap pase la-a, m'toujou pè
Bwa sa yo tout tan ap pran pòz bèt yo avè m

You have no need to fear, we are not beings from outer space

Dame Marie

C'est ce qu'ils disent!

Se sa w kwè!

That's what they say!

Port-au-Prince

Nous avons déjà choisi nos témoins

Nou deja chwazi parenn ak
marenn nòs nou

We have already chosen our maid of honor and best man

Prévilé

Pestel

Nous sommes du Nouveau Monde

Terre déliée au coeur d'étoile chaude
Fille bâtarde de Colomb et de la mer
nous sommes du Nouveau Monde
et nous vivons dans le présent
Nous ne saurons marcher à reculons
n'ayant point d'yeux derrière la tête
et le moulin du vent broie les paroles sur nos lèvres
car sur les socles de la mémoire
dans la farine de nos mots ô mon Pays
nous pétrissons pour toi des visages nouveaux
Il te faut des héros vivants et non des morts

Mon chargement de geste et de mots magnétiques
est de bonne mesure et fait bon poids dans la balance
et au seuil de l'été je te salue
dans l'écarlate floraison des flamboyants
Je jaillirai de toi comme la source
mon chant pur t'ouvrira le chemin de la gloire
et mon cri crèvera le tympan de ta nuit
car mon amour en pointe de silex
à jamais s'est fiché dans ton coeur d'étoile chaude
ô mon Pays que voici

ANTHONY PHELPS *Mon Pays Que Voici*

We Are of the New World

Earth unbound with a heart like a warm star
Illegitimate daughter of Columbus and the sea
we are of the New World
and we live in the present
We cannot walk backward
since we cannot see from the back of our heads
and the windmill of the wind crushes speech on our lips
for on the stepping stones of memory
with the flour of our words o my Country
we are kneading for you new faces
You deserve living heroes and not dead ones

My cargo of gest and magnetic words
has the right measure and weighs well on the scale
and on the threshold of summer I salute you
amidst the crimson flourish of the flame trees
I will surge from you like a wellspring
my pure song will open for you the path of glory
and my cry will puncture the eardrum of the night
for my love with a tip of silex
has forever lodged itself in your heart like a warm star
o my Country as is

ANTHONY PHELPS *Mon Pays Que Voici*

Réflexions d'un photographe / Photographer's notes

Carl Hiebert

<< Est-ce que ça te dirait de faire un livre sur Haïti? >>

La question avait été soulevée innocemment, au cours d'une conversation de fin d'après-midi. Un ami revenait d'un séjour d'une année dans ce pays relativement incompris du reste du monde.

<<Photographier Haïti!...>> Je ne pouvais imaginer idée plus invraisemblable. Pourtant je me réveillai le lendemain me surprenant à penser à Haïti. Une semence avait été mise en terre et, six mois plus tard, je mettais cap au sud, pour ma première visite dans cette île.

Six cents milles séparent Miami de Port-au-Prince, soit un peu plus d'une heure de vol. Un saut facile, du pays le plus riche vers l'un des plus pauvres du monde. Imaginez le choc pour quelqu'un ayant vécu cinquante ans dans la culture nord-américaine!

Dès le départ, ce projet paraissait ridiculement ambitieux, puisque je ne parlais pas un mot de créole et qu'en plus, je devais me déplacer en chaise roulante. D'autre part je savais que l'éclatante luminosité tropicale, poserait un défi de tous les instants à mes prises de vue. Ces défis se révélèrent aussi imaginaires que réels, mais trois jours après mon arrivée, il était clair pour moi que je me devais de le faire, ce livre.

Au cours de nos premières rencontres, Sandy Noble Yates me communiqua sa passion pour Haïti et son peuple, ce qui décupla mon énergie, justifiant les raisons de ma présence. Nous partagions la même intention: offrir une série de photos disant: <<Ceci est l'Haïti dont je me souviens. Ceci est l'Haïti que j'aime.>>

Photographier Haïti, c'est passer d'un extrême à l'autre. Il s'agit d'un pays tout en subtilités, tout en nuances, qui se laisse lentement découvrir, bien que tout semble vous sauter au visage. En Haïti, la vie se déroule à l'éxtérieur, au vu et au su de tout le monde. Les vendeurs de rues s'alignent sur les trottoirs, offrant leurs marchandises, allant des chaussures aux pneus usagés de voitures, en passant par les cosmétiques et les sacs de haricots. Certaines scènes provoquaient le rire ou les larmes; d'autres étaient d'un banal classicisme: cocotiers,

"How would you like to do a book on Haïti?"

The question was almost lost, slipped easily into a late-afternoon front-porch conversation. A friend had just returned after a year in this largely misunderstood place.

Photographing in Haiti...? I couldn't imagine a more unlikely idea. I woke the next morning and was surprised to meet the first thought of the day — Haiti. A seed had been planted. Six months later, I headed south for my first visit.

Miami to Port-au-Prince is only 600 miles, just over an hour's flight. An easy hop from the most affluent country in the world to one of the poorest. A shock to fifty years of living with North American values, culture and expectations. It was the beginning of perhaps the most intense two weeks of my life.

From the start, this project seemed ridiculously ambitious. I didn't speak a word of Creole, had to be content with the traveling limitations of a wheelchair, and knew the harsh tropical light would make the photography a constant challenge. These challenges proved to be as real as imagined, but within three days of arriving in Haiti, there was the clear sense this book was meant to be. I remember thinking, "The script for this project is already written. Just make sure you show up on time and don't miss any of your lines."

In our first meetings, Sandy Noble Yates communicated a passion for Haiti and its people that fuelled my energies and gave depth to my own reason for being there. Eventually my eye was guided by a shared intent, to embark on a task of searching for photographs that might say, "This is the Haiti I remember, the Haiti I love."

To photograph in Haiti is to experience extremes. It is a land of subtleties, not to be unearthed in a single lifetime, yet a land where everything seems "in your face," blatant in the lens. Much of a Haitian's life is in the open, obvious to the world. Street vendors stretched block after block, with piles of shoes, stacks of car tires, rows of cosmetics, bags of beans. Some of the images prompted "high fives" and laughter, others tears and pressing sadness. There were

plages immaculées, ciel d'un bleu sans tache. L'incompréhensible pauvreté de ce lieu, cette terre ravagée, n'ont pas manqué de nous bouleverser.

Cinq voyages, en une année, m'ont permis de comprendre un peu mieux ce pays et j'ai vécu mes premiers séjours comme une véritable agression visuelle. Ils furent, probablement, les plus intenses de ma vie.

Bien avant mon arrivée en Haïti, je savais que la lumière serait mon plus grand problème. Elle s'est révélée un défi dont j'étais loin d'avoir soupçonné l'envergure. Durant ma première visite, je pensais pouvoir travailler, malgré la crudité de la lumière. En sous-exposant ou en surexposant, je maîtriserais le contraste, et ma volonté, intervenant, je modifierais la sensibilité des films…

Des six cents photos prises durant cette période, seules quelques unes ont été retenues pour cet album. Quelle leçon!

J'ai dû réviser à la baisse mes prévisions, me contentant de deux bonnes photos par jour. Rares sont celles que j'ai faites, en fin de matinée, alors que le plus souvent je roulais des heures durant sans même toucher à mes appareils.

La lumière diffuse du lever ou du coucher du soleil représente le moment idéal pour une photo. Malheureusement, le soleil des tropiques ne tient pas compte des désirs du photographe. Les chapeaux (page 53) et les persiennes (page 121) n'ont été baignés de lumière dorée, que pendant moins de cinq minutes. La plupart des levers de soleil étaient trop parfaits, avec un ciel lumineux sans aucun nuage pour atténuer la lumière directe. Ironiquement, beaucoup de couchers de soleil affichaient des nuages, obscurcissant la lumière, n'offrant ainsi qu'un paysage terne et sans vie.

En regardant cet album, je m'étonne que nous ayons pu offrir autant de photos acceptables.

scenes of textbook perfection — gentle palms, untouched beaches, blue-swept skies. We were equally jolted by a ravaged land, incomprehensible poverty.

In the course of five trips to Haiti over a one-year period, I grew in my own understanding. Those first few days felt like a visual assault, more intense than I could have imagined.

I knew in advance of my coming to Haiti that light would be perhaps my greatest challenge, but it proved to be a bigger factor than I had imagined. During my first two-week visit, I tried to convince myself that perhaps I could photograph successfully despite the harsh light. By bracketing my exposure (deliberating over and underexposing the same image), I could somehow defy the harsh contrast. As if intent could supersede the limitations of film. Of the approximately 600 pictures taken during that period, only a few qualified for this book. A lesson learned.

I dramatically redefined my prospects and lowered my expectations to only two good shots a day. Although a few photos were taken midday, mostly we traveled for hours during the day without touching our cameras.

The ideal light for many scenes occurs with the warm, slightly diffused light of sunrise and sunset. Unfortunately, the tropical sun does not dally, and these windows of ideal light can be as narrow as just a few minutes. The hats on page 53 and the window shutter on page 121 were bathed in this golden light for less than five minutes. Most sunrises were too flawless, with clear, open skies and rarely a cloud to diffuse the direct light. Ironically, many sunsets were the other extreme. Late-afternoon clouds would roll in, block out the sun and leave the world painted with dull, uninviting light.

As I glance through this book now I am amazed we were able to find as many acceptable images as we did.

Jeudi le 30 janvier, 1997

Le réveil m'arrache d'un profond sommeil à quatre heures du matin. Nous partons visiter et photographier plusieurs projets. Deux travailleurs nous rejoignent et nous nous lançons dans l'obscurité de la campagne. À cinq milles de la ville, la route disparaît et nous roulons en quatre roues motrices. Pendant les deux heures qui suivent, nous bondissons sur une piste pierreuse et je me demande comment des véhicules peuvent supporter pareil traitement.

Après avoir visité une école rurale et une pépinière de plants d'acajou, nous mettons le cap vers notre dernière destination: un captage de source. <<La piste est un peu rude, explique Willys, mon guide, nous devrons te porter.>> Pas de problème. J'ai vu dans quel genre d'environnement hostile ces gens survivent et je n'ai aucun doute quant à leur capacité de me transporter sur une courte distance à travers la campagne. Mais j'ignorais ce qui nous attendait.

Les restes d'un vieux brancard militaire sont placés sur le sol et je suis transféré de ma chaise roulante à mon tapis magique. C'est une première pour moi, et cela pimentera bien le voyage. Quatre hommes soulèvent leur charge jusqu'à leurs épaules tandis que d'autres s'emparent de ma chaise roulante et de mon sac d'appareils photographiques. La colonne s'engage sur un sentier rocailleux. Le soleil de midi tape comme un marteau qui aurait voulu nous enfoncer dans la terre brûlée.

Quelques minutes plus tard, nous approchons du sommet d'une colline et prenons un autre sentier plus étroit. De ma position horizontale, les yeux fixés vers le ciel, il est difficile de voir ce qui se passe. Nous commençons la descente.

Il devient rapidement évident que ça ne sera pas une randonnée du dimanche après-midi sur une piste du Sierra Club. Le sentier sinueux, hérissé de rocs, se rétrécit encore davantage et s'incruste au flanc de la colline. Des buissons nous égratignent des deux côtés et je me demande si notre entreprise est vraiment réalisable. À mesure que l'inclinaison de la pente passe de trente à quarante, puis à quarante-cinq degrés, j'appelle Willys d'une voix hésitante. <<Ces gars, euh, ils savent bien ce qu'ils font, hein?>> Il sourit, m'assure que ceci fait partie de la routine de leur travail et me demande de ne pas me tracasser.

Thursday, January 30, 1997

The alarm jars me out of a deep sleep at 4:00 A.M. Right! We're off to visit and photograph several field projects for a development organization.

Two workers join us and we head out into the blackness of the country. Within five miles of leaving the city, the highway ends and we shift into four-wheel drive. For the next two hours we bounce over rock-strewn desolation and I wonder how vehicles can survive this abject abuse.

After visiting a country school and mahogany tree nursery, we head for our last destination — a spring capping. "The trail's a bit rough," explains Willys, my Haitian guide, "We'll have to carry you in."

No problem. I've seen the kind of harsh environment these people survive, and I have no doubt as to their ability to carry me for a short distance cross-country. I rest in the "not knowing" what lies ahead.

Remnants of an old army stretcher are lowered to the ground and I transfer from the wheelchair into my magic carpet. This is a first for me and should be a bit of an adventure. Four men hoist their charge to their shoulders, while others willingly grab my wheelchair and camera bag. The entourage proceeds down a spartan trail, with the midday sun feeling like a hammer, driving us into the parched land.

A few minutes later, we near the edge of a hill and branch off to an even smaller trail. From my horizontal position, looking skyward, it's difficult to appreciate what lies ahead. We begin our descent.

It quickly becomes obvious that this is not going to be a Sunday afternoon stroll on a Sierra Club hiking trail. The twisting, boulder-infested path soon narrows and becomes entrenched in the side of the hill. Bushes scrape at us from either side and I begin to wonder if this is really do-able. As the slope edges past thirty degrees, then forty, then forty-five, I hesitantly call out to Willys, "These guys, ah, are really okay with this, eh?" He laughs and assures me it's all in a day's work and not to worry.

Suddenly, the stretcher lurches to the left and I clutch the wooden rail with all my strength. For the first time, I get a sense of our challenge. Our destination, the bottom of the ravine, is about a 700-foot descent, and we're not even halfway. And the trail ahead is

Soudain le brancard rebondit vers la gauche et je m'agrippe aux côtés de toutes mes forces. Pour la première fois, j'évalue l'étendue de notre défi. Notre destination, le fond du ravin, est à environ 700 pieds en contre-bas, et nous ne sommes même pas à mi-chemin. Et la pente devient encore plus raide en avant. Je me remémore ce que j'ai appris sur les risques: imaginez le pire des scénarios et décidez si vous êtes à même d'y faire face. Oui, je peux facilement imaginer l'un de ces porteurs bien intentionnés et pieds nus, glissant sur une pierre acérée, relâchant sa prise sur le brancard et catapultant mon corps dans les airs. Résultat probable: plusieurs côtes brisées, en plus d'un bras ou d'une jambe. Rien de réjouissant, toutefois je pourrais y survivre.

Mais ces porteurs ne sont pas des novices. Ils ont des années d'expérience sur ces sentiers et, comme je l'apprendrai, ils transportent souvent des charges bien plus pesantes que celle qu'ils ont sur leurs épaules en ce moment. Renverser un sac de ciment de 100 livres représenterait une perte tout aussi substantielle...

Nous poursuivons résolument notre voyage et parvenons finalement au lieu de captage de la source. Des dizaines de paysans sont alignés avec des récipients de toute sorte, attendant de s'approvisionner en eau salvatrice. La scène est saisissante. Trois rouleaux de film plus tard, nous faisons face à notre plus grand défi du jour: remonter jusqu'au sommet de la montagne.

Retour au brancard, sur le tapis magique, et la dure escalade commence. La pente semble insurmontable, encore plus raide que dans la descente. Je jette un bref coup d'oeil à un porteur, la sueur ruisselle sur sa peau aussi noire que la nuit. Si j'étais à sa place, je maudirais cette charge.

Ils commencent à chanter. Des mélodies complexes, avec une rythmique et des solos distincts. À un moment, une série <<d'alléluias>> emplissent de joie l'air immobile de la montagne. Le chant semble les transporter au-delà de l'énormité de leur tâche, et toutes les fois que je regarde, des sourires s'étalent d'une oreille à l'autre, brillent sous le dur soleil de la mi-journée. Comment peuvent-ils si bien chanter tout en respirant péniblement? Cela me dépasse, mais ils y parviennent et les chants nous accompagnent jusqu'au sommet de la montagne où nous arrivons quinze minutes plus tard.

En atteignant un terrain presque plat, l'équipe amorce un trot, une course qu'elle s'impose, question de voir avec quelle rapidité elle peut me ramener jusqu'au véhicule.

steeper. My mind flashes back to what I've learned about risk-taking: imagine the worst-case scenario and then decide if you could deal with it. Yes, I can easily imagine one of these well-intended and bare-foot porters slipping on a sharp rock, losing his grip on the stretcher, and catapulting my body into space. My guess — at least several broken ribs and an arm or leg. It would be survivable.

But these are not novice porters. They have spent years traversing these trails, and as I learn later, often with loads much heavier than they are carrying now. Somehow, though, there isn't much consolation realizing that dropping a 100-pound bag of cement would also be a significant loss.

We continue our twisting, determined journey and finally arrive at the spring capping. Dozens of peasants are lined up, with containers of every description, waiting for their life-giving water. The scene is compelling. Three rolls of film later we face our big challenge of the day — to get back up the mountain.

Onto the stretcher, up on the shoulders, and the arduous climb begins. The slope seems impossible, even steeper than our descent. I have my camera with me this time, with a wide-angle lens, and photograph what appears to be straight down, between my feet, at the procession following this strange arrangement. I glance at a strained face beside me, sweat pouring down his black-as-night-skin. If I were him, I would likely be cursing this load. But I'm not him.

They begin to sing complex melodies with separate percussion and lead elements. At one point, a series of "hallelujahs" fills the still mountain air. The singing, it seems, helps them see past the enormity of their task, and whenever I look, broad smiles glisten in the harsh midday light. How they can keep the music flowing between labored breaths is beyond me, but somehow they manage. And so it continues to the top of the mountain. We finally arrive fifteen minutes later. As we reach almost flat terrain, the team breaks into a trot, a self-imposed race to see how quickly they can get me back to the truck.

I am overwhelmed.

Remerciements/Acknowledgments

Je suis redevable à tant de personnes pour la réussite de cet album et pas seulement parce que j'étais en chaise roulante et que je ne connaissais pas le créole.

Mais ma plus grande dette est envers mon amie et compagne de voyage: Sandy Noble Yates.

S'il faudrait décrire le partenaire idéal pour ce projet, je nommerais: Sandy, personne d'autre. Généreuse, parlant le créole, communiquant facilement avec les gens, un regard d'artiste, une motivation précise et claire.

Son engagement de tous les instants dans notre projet compte pour beaucoup dans la réalisation de ces photos.

Merci, Sandy, pour telle amitié!

There are numerous people to whom I owe thanks for the successful accumulation of these images. My limitations of wheelchair and language seem too obvious.

But mostly, my indebtedness lies with my fellow traveler and friend, Sandy Noble Yates. Had I been asked to profile the ideal partner for this project, it would have been none other than her — compassionate, with fluency in language to move easily amongst the people, a keen and patient artist's eye, a heart of focused and clear intent.

Her unwavering commitment to this book accounts for much of how these images came to be.

Thank you, Sandy, for friendship such as this.

Cheminement / Along the Way

Sandy Noble Yates

Il existe des moments privilégiés dans la vie où, portés par un extraordinaire élan, nous savons hors de tout doute et au-delà de toute raison, que nous sommes là où nous devrions être, remplissant le rôle qui nous avait été assigné.

J'ai fait la connaissance de Carl Hiebert au cours de l'hiver de 1997. À cette époque je réunissais quelques écrits que j'avais intitulés, « *sisal et dentelles* », des expériences de moments chaleureux d'une vie, dont le train-train était quotidien. Haïti a été l'un des foyers de ces expériences de moments chaleureux, me révélant ce quelque chose d'indicible que nous éprouvons, lorsque quelqu'un nous embrasse, dans l'indifférence des contraintes et des apparentes inégalités. Photographe amateur, j'étais en quête d'images susceptibles d'illustrer mes textes, lorsque Carl arriva dans ma vie avec l'idée de faire des expériences avec les couleurs d'Haïti, et de comprendre le côté déconcertant du pays. Il voulait le découvrir à travers ses lentilles. Mais, étant physiquement handicapé et ignorant tout du créole, il lui fallait un guide.

Au cours des trois mois passés à voyager ensemble, Carl et moi avions développé une complicité intellectuelle et nous nous comprenions à demi-mot. Pour lui, je fus sa passerelle vers un monde qui ne m'était pas complètement étranger. À la fin des années 70, j'ai participé à une campagne de vaccination dans les montagnes du sud. J'ai conduit Carl vers ces endroits lointains parce que je les avais connus et aimés. Je voulais lui faire connaître cette Haïti si décriée à l'extérieur, dont les siens mêmes oublient souvent les vraies qualités. Pour moi, photographier ces lieux signifiait: rendre un peu, de ce qui m'avait été donné.

Nous avons évité les routes principales et parcouru les pistes de l'arrière-pays, vers des lieux tels: Bois-de-Laurence, dans le Nord-Est et Bariadelle dans la Grande Anse, localités relativement peu connues. Ces déplacements n'ont pas été faciles. Impossible de téléphoner pour réserver une chambre aux Abricots. Pas de garage où faire réparer le pickup qui devait nous permettre d'atteindre un certain endroit, avant

There are finer moments in a lifetime when we find ourselves carried in a greater momentum and know without a doubt and beyond a reason, we are where we should be, doing exactly what we are meant to do.

Carl Hiebert and I first met in Haiti in the winter of '97. At that time, I had been gathering writings I was entitling '*sisal and lace*,' experiences of welcome I have known in a lifetime of everydays. Haiti has been, for me, one of those welcomes, allowing me to see those things of the heart that come to us when we are embraced, regardless of the limitations we bring with us or the apparent inequalities we must accept between us. As a novice photographer, I was seeking the images to accompany the writings when Carl came into my life with his desire to experience the intrigue and color of Haiti for the first time. He wanted to see it through the lens of his camera, but being physically challenged, and with no understanding of the language, Carl was in search of a way to enter.

Within the three months we traveled extensively together, Carl and I complemented each other in our exchanges and grew into a like-mindedness. I became for him access into a world not completely strange to me. Years earlier, in the late seventies, I had worked with a team of vaccinators travelling in the mountains of the south. I led Carl to those depths, because that is what I knew and loved first. I wanted him to know this Haiti, so misinterpreted by the outside world, its true quality often forgotten by its own. For me, photographing here in this place was to "make return" in some small way, what had been given to me.

We left the main roads and traveled the roughness in the back woods to places such as Bois de Laurence in the North East, and Bariadelle in the Grande Anse, to places relatively unknown. There was nothing easy about the traveling, no convenience of a telephone connection to make arrangements for an overnight stay in Les Abricots, no garage along the way to repair the pickup in order for us to reach a particular scene by sunset. It did not take long to realize

le coucher du soleil. D'autre part, nos séances de photos se déroulaient dans la lumière idéale du petit matin, ou en fin d'après-midi, deux créneaux de travail sous dix heures d'un soleil écrasant. Nous avions établi un rythme, anticipant toujours cette fracture dans le temps, où le ciel et la terre se rencontrent, dans un jeu de couleurs et de lumières, pour la plus grande joie de notre oeil et de l'obturateur.

Dès le début, nous avions convenu de ne pas payer pour les photos. Sur place nous expliquions aux gens que nous faisions un livre dont ils seraient les sujets privilégiés et que les profits iraient aux enfants d'Haïti. Nous ne fûmes pas toujours compris et parfois nous avions dû quitter les lieux sentant que nous étions perçus comme des Blancs: des intrus. Le courant de sympathie que nous avions ressenti ailleurs ne passait pas. Cependant dans la majorité des localités, la chaleur de l'accueil nous a permis d'y passer plusieurs heures, photographiant et partageant le rire et la détente. Ces moments de liberté, d'échanges, dont a besoin l'artiste , et qui nous ont été généreusement offerts, ont permis, entre autres exemples, cette photo des trois cousines se baignant dans la rivière, par une fin d'après-midi.

Lorsque je fis la connaissance des poètes Syto Cavé et Anthony Phelps, je compris qu'avec eux le projet d'album avait trouvé sa contrepartie haïtienne, et pouvait entrer dans sa phase finale.

Le 5, rue Bellevue, allait devenir notre lieu de travail, rythmé par les coups frappés à la barrière, annonçant l'arrivée d'un ami: Pierre Brisson, Robert Large, Raymond Jeanty, Pierre Phelps. Durant nos longs après-midi de travail, les echanges, les blagues et les rires n'étaient pas interdits….

that most of our photography would happen in the ideal light of early morning and late afternoon, two brief windows of time in a day of harsh sunlight. We moved into a rhythm, anticipating always that split second in time when heaven and earth would meet in a play of light — the dancing eyes, the painted shutter.

We had determined from the beginning that we would not pay for photos. At a site, we would explain to the people that we were making a book and the profits would benefit Haiti's children. If somehow our intent could not be understood and shared, then we felt the picture was not ours to have. There were times when we would readily back away from a scene where it was clear we were viewed as intrusive foreigners and our movement was against the flow of what we had experienced elsewhere. In the countryside, almost without exception, there was a receptiveness that allowed us to spend hours in one location. During that time, we were given ready access to laughter and ease — the three cousins bathing one late afternoon down by the river's edge comes immediately to mind. It was an openness, a back and forth, and we received what was freely given.

With the discovery of Syto Cavé and Anthony Phelps, I knew we had come upon the Haitian presence so needed in carrying this to its end. The address 5, rue Bellevue became our workplace, with knocks on the gate each time, and the entrance of yet another friend to contribute in spirit and word: Pierre Brisson, Robert Large, Raymond Jeanty, Pierre Phelps. There were long afternoons, large in conversation, lively in laughter.

Remerciements / Acknowledgements

Le projet *Paroles et Lumières* est devenu réalité grâce à cet indispensable esprit d'équipe qui nous à permis de surmonter tous les obstacles.

Je remercie John, mon compagnon dans cette expérience haïtienne, et qui partage ma foi dans ce qui est visible par le coeur; mes enfants: Melanie, Ryan, Jason, Liana et Vicky qui est comme ma propre fille, qui ont appris à aimer Haïti comme leur terre natale, et m'ont laissé la liberté de poursuivre mes rêves; Estamène chérie qui m'a entourée de son attention et libérée de certains fardeaux; JB pour mon espace d'évasion; Beth pour le beau-temps-mauvais-temps.

À mes parents je dis merci pour m'avoir permis de connaître mes racines intimes.

À l'équipe de la ICC qui a travaillé avec Carl et moi dès le début, nous encourageant jusqu'au bout, Dana, Bob, Scott, John, Marie, Carolyn, notre profonde gratitude. À John surtout, qui s'est dépensé sans compter.

Les prises de vues aériennes ont été rendues possibles grâce aux hélicoptères des Nations Unies et de la MAF. Merci.

À tous ces gens qui se sont gentiment laissé photographier, merci. Un merci spécial à Becky, Sarah et Liz qui nous ont aimablement pilotés dans les recoins du Nord-Est; et à Jan.

Plusieurs personnes en Haïti nous ont conseillés, dès le début du projet et nous ont accompagnés jusqu'à son étape finale. Nous leur disons merci d'avoir soutenu notre foi. Merci Têtê pour ta sensibilité, Barbie pour ta contagieuse amitié.

Je remercie Max Dorsinville pour ses traductions des extraits de *Mon Pays Que Voici*, d'Anthony Phelps.

Where Light Speaks has become reality thanks to the necessary team spirit that allowed us to overcome all obstacles.

My thanks to ... John, my companion in this experience of Haiti, for believing in things of the heart and holding them in highest value; my children, Melanie, Ryan, Jason, Liana, and Vicky, like my own, all of whom have come to love Haiti as home and have given to me the freedom to pursue this dream; Estamène cherie, for seeing ahead of me and around me, for lightening always my load; JB, for cottage windows and painted fields wild; Beth, for sharing the seasons.

To my parents, thank you for giving me reason to know and love my own roots of belonging.

To the ICC team who worked with Carl and me from the outset, supportive all the way: Dana, Bob, Scott, John, Carolyn, our deep appreciation. John, for stretching way beyond expectation.

Aerial photography was made a possibility due to United Nations helicopter services and MAF. We thank you for going the extra mile.

To all the individuals along the way who so graciously gave of themselves in a photograph, thank you. A special thanks to Becky, Sarah and Liz, for leading us into northeastern corners; to Jan, for beginnings.

Many individuals in Haiti gave guidance in the early stages and have stayed with us to this end, you kept us believing: Têtê, for your sensitivity; Barbie, for this haven of contagious friendship.

For translations of Anthony Phelps' *Mon Pays Que Voici*, we owe thanks to Max Dorsinville.

Bobisson, par la révision des textes et les portraits, tu es présent dans ce livre. Nous avons apprécié ta disponibilité.

Pierre, tu as été mon confident et je t'ai fait confiance de façon explicite. Pour ta loyale amitié au sein de cette équipe d'écrivains, je te dis merci.

Homme de talents divers, Syto, tu maîtrises l'art de provoquer à la fois le rire et les larmes. Pour m'avoir accueillie dans ton cercle d'amis et de créateurs, reçois mon chant de très profonde gratitude.

Anthony, tu m'as suggérée, en anglais <<write silence>>, écris le silence, c'est à dire: sois concise. J'ai apprécié ton caractère méticuleux. Pour m'avoir lu des extraits de *Mon Pays Que Voici* je t'exprime mon profond respect.

Syto et Anthony, je suis flattée d'être en votre compagnie, dans cet album. Vous avez ancré *Paroles et Lumières* dans la terre haïtienne et justifié cette quête de la lumière, que Carl et moi avions entreprise.

Enfin, Carl, mon compagnon de voyage, mon ami rieur. Je n'ai rencontré personne comme toi. Pour m'avoir confié *Paroles et Lumières*, respectant ainsi mon amour pour les gens de ce pays, qui n'est pas le mien, je te suis profondément reconnaissante. Carl Hiebert, tu m'as donné des ailes.

Bobisson, for Creole text revisions, portrait photography, and for a ready listening ear, you are appreciated and present in these pages.

Pierre, you have been my confidant, in whom I have trusted explicitly. You have given me courage to bridge worlds and to believe in art. For your loyalty in friendship to each of us on this team, thank you.

A man of many voices, Syto, you own the art of making the world laugh and cry all at the same time. For receiving me into your circle of friendship and art, my gratitude, my emerging song.

Anthony, one who tells me in his peculiar English, "Write silence," be concise. For your love of detail, my appreciation; for personal readings of *Mon Pays Que Voici,* I give you my deepest respect.

Syto and Anthony, I am honored to be in your company on these pages. You have rooted *Where Light Speaks* in Haitian soil and have given depth to every effort Carl and I have made toward light.

Lastly, Carl, my traveling companion and laughing friend — I have known no one like you — for entrusting *Where Light Speaks* to me, for honoring my loves here in this country not my own, I am deeply grateful. Carl Hiebert, you have given me wings.

AmericanAirlines®
American_Eagle_®

SECRÉTAIRERIE D'ÉTAT DE TOURISME
SECRETARY OF STATE FOR TOURISM

TEXACO

Hotel Montana
ART DECO IN A TROPICAL SETTING

En contribuant à mettre en face du lecteur ces *Paroles et Lumières*, nous souhaitons qu'elles lui communiquent notre attachement viscéral à cette terre d'Haïti. S'il est vrai que le photographe crée la beauté, son modèle préexiste à son regard. Il en est ainsi de tout progrès humain: il est latent tant que notre vision ne libère l'énergie créatrice des êtres humains et, avec elle les sources de lumière.

Contribuer au progrès de la société haïtienne est une mission qui nous tient à coeur à la SOGEBANK. Puissent ces images raviver chez tous ceux qui les admireront, l'espoir qu'il est toujours possible de transformer notre environnement grâce à la puissance de l'imagination.

Haïti a besoin d'institutions fortes. Les institutions se fortifient quand elles sont des lieux de création. En nous associant à cet ouvrage, nous voulons réaffirmer notre foi en l'avenir. Il sera radieux, si, tout en ne détachant pas notre regard de la réalité, nous en projetons une nouvelle, grâce à notre vision. Etre solide pour nous à la SOGEBANK signifie avoir les pieds sur terre et la tête au ciel.

L'avenir appartient à ceux qui travaillant

By contributing to the makings of *Where Light Speaks,* we wish to express our profound attachment to Haiti, our motherland.

If it is true that a photographer can create beauty, it is only because that beauty already exists in his eyes. That same concept also applies to human progress. It lies dormant until our vision releases the creative energy found within all human beings that brings with it sources of light.

At SOGEBANK, contributing to the progress of Haitian society, is a mission we are determined to pursue. May these photographs revive within all those who admire them the hope that it is still possible to transform our surroundings through the power of imagination.

Haiti needs strong institutions. These institutions are strengthened when they allow for creativity. In endorsing this book, we wish to reaffirm our faith in the future; a future that will surely shine, if, while not overlooking the existing reality, we focus our attention on building a new one based upon our vision.

For us at SOGEBANK being a strong institution means keeping our feet on the ground while believing that the sky is the limit.

Charles Clermont
Directeur général
Groupe SOGEBANK

Charles Clermont
General Director
Groupe SOGEBANK